J. Malvar Fonseca

Coisas pequenas

3ª edição

@editoraquadrante
@editoraquadrante
@quadranteeditora
Quadrante

QUADRANTE

São Paulo
2024

Copyright © 1996 Quadrante Editora

Capa
Provazi Design

Dados Internacionais de Catalogação na Publicação (CIP)

Fonseca, J. Malvar
 Coisas pequenas / J. Malvar Fonseca — 3ª ed. — São Paulo: Quadrante, 2024.

 ISBN: 978-85-7465-715-8

 1. Virtudes 2. Vida cristã I. Título

CDD-200.19

Índice para catálogo sistemático:
1. Virtudes : Vida cristã 200.19

Todos os direitos reservados a
QUADRANTE EDITORA
Rua Bernardo da Veiga, 47 - Tel.: 3873-2270
CEP 01252-020 - São Paulo - SP
www.quadrante.com.br / atendimento@quadrante.com.br

SUMÁRIO

COISAS PEQUENAS 5

OS INIMIGOS DAS PEQUENAS COISAS... 29

DEUS E AS PEQUENAS COISAS................ 57

O QUE NOS PEDEM AS COISAS
    PEQUENAS 77

NOTAS 125

COISAS PEQUENAS

Por causa de um prego

Conta-se que, na época da Guerra das Duas Rosas, o rei Ricardo III da Inglaterra teve de enfrentar o seu rival Henrique, conde de Richmond, numa batalha em que jogava a sorte da coroa. Na manhã do dia em que se devia travar o combate, Ricardo enviou um lacaio ao ferreiro para verificar se o seu cavalo estava pronto.

— Sua Majestade terá de esperar — respondeu o ferreiro. — Estou ferrando os cavalos do exército há dias e agora acabaram-se as ferraduras.

— Não posso esperar! — bradou o lacaio, enervado. O inimigo está às portas. Faça o que puder com o material que tiver à mão.

O ferreiro pôs mãos à obra com toda a velocidade: preparou quatro ferraduras a partir de uma barra que tinha na oficina e pôs-se a cravá-las nos cascos da montada. Depois de ajustar as três primeiras, porém, descobriu que lhe faltava um prego para ajustar a quarta.

— Preciso de mais um ou dois pregos — disse — e vai ser demorado se tiver que fazê-los no malho.

— Já lhe disse que não temos tempo — respondeu o lacaio. — Não está ouvindo as trombetas do inimigo?

— Posso prender a ferradura tal como está, mas não ficará tão firme como as outras.

— Vai cair? — perguntou o cavalariço.

— Suponho que não, mas não posso garantir.

— Bem, use os pregos que tiver! E rápido, pois senão esta brincadeira pode custar-nos a cabeça.

Algumas horas depois, travou-se a batalha nos campos de Bosworth. O rei, conforme o costume medieval, encontrava-se no coração da refrega, incitando os seus homens e dando pessoalmente combate aos inimigos. Mas a batalha permaneceu indecisa durante toda a tarde.

Quando o sol começava a se pôr no horizonte, Ricardo avistou alguns dos seus soldados que batiam em retirada. Era um perigo sério, porque podia ser o início de uma debandada geral. Virou o cavalo e partiu a todo o galope no encalço dos seus homens para chamá-los de volta à luta. Mas, antes de ter coberto metade do caminho, a ferradura mal presa soltou-se e cavalo e cavaleiro deram no chão. Quando o rei conseguiu levantar-se, o cavalo já saíra em disparada. Olhando em volta, viu os seus homens, descoroçoados pela cena, darem meia-volta e fugir. Apenas teve tempo de bradar, enquanto os inimigos fechavam o cerco em torno dele:

— Um cavalo! Um cavalo! O meu reino por um cavalo!

Mas era tarde. Ali mesmo perdeu o reino e a liberdade.

Desde então, corre entre o povo inglês um provérbio que diz:

Por falta de um prego, perdeu-se uma ferradura.
Por falta de uma ferradura, perdeu-se um cavalo.

Por falta de um cavalo, perdeu-se uma batalha.

Por falta de uma batalha, perdeu-se um reino!

E tudo por causa de um prego!

A trama da vida

Assim é a vida: uma sucessão de pequenas coisas que podem desembocar num desastre, como também podem levar a um resultado feliz: "Viste como levantaram aquele edifício de grandeza imponente? — Um tijolo, e outro. Milhares. Mas, um a um. — E sacos de cimento, um a um. E blocos de pedra, que são bem pouco ante a mole do conjunto. — E pedaços de ferro. — E operários trabalhando, dia a dia, as mesmas horas... — Viste como levantaram aquele edifício de grandeza imponente?... À força de pequenas coisas!"[1]

Há algum tempo, encontrei nas páginas de uma revista de divulgação científica um encarte de propaganda de uma empresa de computação. Na primeira página, via-se a fotografia de uma galáxia, com os seus bilhões de sóis girando pelo espaço; a seguir, ampliando um minúsculo ponto da primeira imagem, vinha a fotografia de um aglomerado de estrelas e, ampliando uma delas, a do sistema solar. E depois, em ampliações sucessivas, a terra vista de longe, a linha costeira do Brasil, a baía da Guanabara, a praia de Ipanema, um cobertor quadrado sobre a areia, um banhista estendido sobre o cobertor, a pele do braço do banhista, uma veia nessa pele... Se quiséssemos, poderíamos prolongar com a imaginação e os nossos conhecimentos esse "mergulho no infinitamente pequeno", até chegarmos aos detalhes infinitesimais da estrutura atômica...

Que nos diz tudo isso? Que, para onde quer que olhemos neste vasto Universo criado por Deus, tudo está perfeitamente detalhado e acabado com um altíssimo grau de perfeição. Deus parece ter posto na elaboração dos detalhes mais minúsculos da Criação o mesmo cuidado que pôs na modelagem dos mais vastos. É como se tivesse querido deixar-nos assim um modelo do modo como quer que atuemos. A realidade física é composta de coisas sucessivamente menores, em escalas cada vez menores; mas, em cada uma dessas escalas, todos os detalhes estão primorosamente acabados. E se a realidade propriamente dita ou *de facto* — a do mundo que nos cerca — é assim, não deveria sê-lo também a realidade *factível*, aquela que vivemos, que "fazemos" pelas nossas ações?

Examinemos, por um momento, esta "nossa" realidade: mergulhemos no "infinitamente pequeno". O nosso dia compõe-se de horas de sessenta minutos de sessenta segundos cada uma, e o que temos de enfrentar é, no limite, um segundo por vez. Cada tarefa que devemos executar, como por exemplo, trocar uma lâmpada, decompõe-se numa sucessão de pequenas ações ou gestos: no caso da lâmpada, trazer um banquinho, subir nele, equilibrar-nos bem (o tio-avô de um amigo meu morreu caindo do banco e quebrando o pescoço exatamente nesse momento), desatarraxar a lâmpada com cuidado, sem deixá-la cair, tirar do bolso e atarraxar a nova lâmpada, descer, ligar o interruptor para testar, guardar o banco, envolver a lâmpada antiga e jogá-la no cesto dos papéis... E o que é dirigir a casa, ou exercer um ofício, ou organizar o fim de semana da família, ou... ser pai e ser mãe?

Podemos muito bem dizer, portanto, que toda a nossa vida é *um tecido composto por uma infinidade de pequenas ações*. E que, ou partimos desse realismo infinitesimal, ou "flutuamos entre as galáxias", perdidos na imensidão de um balé em marcha lenta.

Poderíamos, pois, formular assim a "primeira lei" das pequenas coisas: as pequenas coisas são *reais*, são o *real*, são a nossa única realidade.

O jequitibá

É curioso observar que a maior árvore brasileira, o jequitibá, vem de uma semente pequenina, de menos de um centímetro, que é espalhada pelo vento. E há jequitibás com mais de dez metros de diâmetro de tronco e sessenta de altura, e alguns com a venerável idade de dois mil anos.

Isto aponta-nos uma "segunda lei" das coisas pequenas: elas são *reveladoras*, porque tudo o que é grande começa pequeno, ou, como diz o pensador suíço Amiel, "quase tudo provém de quase nada". É uma lei do universo visível que, naturalmente, se aplica à sua criatura mais evoluída, ao que se costumava chamar "o rei da Criação": nós mesmos. Pois o que somos nós quando concebidos? Uma célula minúscula, que se desdobra em duas, e estas em quatro, e estas por sua vez em oito, e assim por diante, até se formarem os tecidos que dão lugar a órgãos e aparelhos com funções altamente sofisticadas.

Há alguns anos, quando trabalhava como médico num hospital público de São Paulo, tive de examinar um paciente que era investigador de polícia e havia sido internado com uma doença de certa gravidade. Ao fazer-lhe as perguntas necessárias para levantar seu histórico clínico, percebi que respondia de maneira cautelosa e evasiva, talvez por uma espécie de deformação profissional; afinal, os muitos criminosos que tivera de interrogar ao longo da vida não costumavam mostrar-se lá muito comunicativos. Fiz-lhe ver que devia responder às minhas perguntas de maneira direta e com toda a clareza. E ele, desculpando-se, respondeu-me:

— Está certo, doutor, o senhor tem razão. Se eu soubesse disso antes, teria feito um relatório detalhado de tudo o que aconteceu comigo.

E acrescentou:

— Porque entendo muito bem que há pequenos detalhes que parecem insignificantes, mas são altamente reveladores.

Não há dúvida. Aquelas gavetas desordenadas do estudante, no seu quarto, são uma versão em pequena escala da desordem que reina nos seus estudos e às vezes na sua cabeça; a mesa de trabalho de certo funcionário, atulhada de papéis, é sinal ou da sua preguiça ou da sua tendência para a centralização. E, em contrapartida, uma casa perfeitamente limpa e arrumada, com os móveis brilhantes e a pia da cozinha vazia e perfeitamente seca, é reflexo do pulso firme e da laboriosidade da dona de casa. Tinha razão o marechal Hindenburg, chanceler da Alemanha antes da Segunda Grande Guerra, quando se jactava de ser capaz de conhecer os seus subordinados ao primeiro golpe de vista. Certa vez, comentou com o general Ludendorf que lhe bastava ver o estado dos botões da jaqueta de um oficial para conhecer o seu caráter.

— Mas esses detalhes — replicou Ludendorf — são muito pouca coisa para se fazer um juízo exato.

— Nada disso — respondeu o marechal. — Nas coisas importantes, toda a gente recorre à dissimulação; é nas pequenas que se mostra tal como é.

As coisas pequenas, além de serem reais, são *significativas*.

A receita de Diógenes

Mas se, de certa forma, as pequenas coisas nos "traem", por outro lado está nas nossas mãos fazer delas *sinais do que queremos ser*. Permitem-nos determinar o alcance que, no uso da nossa liberdade, queremos imprimir-lhes, ou seja, permitem-nos atribuir-lhes um *sentido*. Como observa Sertillanges, "a vida moral é uma arquitetura cujos materiais são os acontecimentos cotidianos: com os mesmos materiais, pode-se construir uma choça, uma taverna ou um templo".[2]

Conta-se que o filósofo Diógenes abriu na praça do mercado de Atenas uma elegante barraca sobre a qual se podia ler a seguinte inscrição: "Aqui vende-se sabedoria". Um homem que não tinha outro produto a oferecer senão os seus próprios conselhos devia suscitar certo ceticismo, mas a verdade é que houve um homem rico que se interessou pela "mercadoria" e mandou um escravo perguntar ao filósofo que quantidade de sabedoria lhe venderia por três peças de ouro. Diógenes pegou o dinheiro e escreveu numa tabuleta de cera esta sentença: "Em todas as coisas, considera o fim". O ateniense achou a máxima tão sábia que a mandou gravar com letras de ouro no frontispício da sua casa.

Encontramos aqui a receita para imprimir significado a tudo o que, em si, pode ser diminuto e vulgar: o valor das pequenas coisas encontra-se em primeiro lugar na *finalidade* com que as fazemos. Para tomarmos uma das mais corriqueiras ações diárias — o caminhar —, os passos que conduzem um assassino para junto da sua vítima são passos de assassino e participam da maldade total do seu ato, porque o seu fim é mau. E, vice-versa, diz-nos a Sagrada Escritura: *Como são belos sobre os montes os pés do mensageiro que anuncia a felicidade e traz as boas novas!* (Is 52, 1); os passos do cristão que corre a servir os outros participam da bondade total da sua ação, porque o seu fim tem a nobreza de Deus.

Depende de nós, portanto, que as pequenas ações do nosso viver cotidiano tenham um sinal — um fim — positivo ou negativo. De nós depende que as pequenas coisas da vida vulgar nos façam progredir até uma altura incomensurável ou regredir até uma baixeza inominável.

As coisas pequenas, além de reais e significativas, são, pois, *finalísticas*: encaminham-nos para um fim.

A *olimpíada da vida*

Na época das últimas Olimpíadas, tinha marcado um encontro com um amigo na casa dele. Ao chegar — um pouco atrasado, é verdade —, encontrei-o sentado à minha espera no sofá, diante do aparelho de televisão, assistindo a umas provas de natação.

Desculpei-me pelo atraso. Fez-me um gesto como quem diz: "Não tem importância", mas pouco depois saiu-se com esta:

— Você já reparou na importância que tem, nestas provas, chegar uns segundos e até umas frações de segundo antes?

Não era uma "indireta" da parte dele, mas ocorreu-me que havia ali uma correlação, embora se tratasse de coisas muito diferentes: num caso, estava em jogo uma medalha olímpica; no outro, uma manifestação de apreço por um amigo. Sim, de acordo com o fim que lhes marcamos, as nossas ações — subentende-se, naturalmente, que não nos referimos às nossas ações más — tornam-se mais ou menos importantes: é o significado que lhes imprimimos, e não o "tamanho" que têm em si, que lhes confere maior ou menor grandeza.

O nosso dia a dia recebe a sua riqueza, bondade e maior ou menor plenitude de significado do nosso *ideal*, daquilo a que hoje se gosta de chamar *projeto de vida*. Assisti há uns meses a um filme de comédia em que uma das personagens, uma garota, dizia ao protagonista:

— Sabe, o meu projeto de vida é experimentar tudo, maximizar o prazer, sem restrições de nenhum tipo, sem recalques e sem culpa. Só não quero é sofrer, e se, para chegar lá, tiver de pisar em alguém, piso mesmo...

A essa altura, o outro interrompeu-a:

— Desculpe-me, mas... isso é projeto de vida ou crônica policial?

Sabemos que não faltam pessoas que pensam assim, pobres egoistinhas cujo universo se reduz ao que orbita em torno do seu umbigo. Esses e essas acabam por reduzir às minúsculas dimensões do seu eu até as tarefas mais nobres; os homens e mulheres de ideal generoso, em contrapartida, são capazes de elevar à altura do seu ideal até as ações mais intranscendentes.

Na sua obra póstuma, *Cidadela*, Saint-Éxupéry retrata-nos o perfil do homem sem um projeto valioso que costure as suas pequenas ações diárias e as transforme, de material ao desbarato, em construção sólida e generosa:

Andava perdido, como um estrangeiro entre uma multidão heterogênea que não falasse a sua língua. [...] Via-me derrotado e sozinho. Fazia lembrar uma casa desabitada. Era precisamente o *fecho da abóbada* que me faltava, embora continue a ser o mesmo, porque sei as mesmas coisas, tenho consciência das mesmas recordações, assisto ao mesmo espetáculo.

Tudo isso acontecia, diz ele, porque:

A mais bela basílica deste mundo, se não há quem a considere no seu conjunto, quem lhe saboreie o silêncio, quem vá a ela buscar o significado da meditação íntima, não passa de uma soma de pedras. O mesmo se diga de mim e da minha sabedoria e das percepções dos meus sentidos e das minhas recordações. Eu era somatório de espigas e não gavela. [...] Ah! que regresse a mim o fervor, pedia eu. Se há um laço divino a ligar as coisas, o fervor é navio governado, basílica viva.[3]

O laço divino

Fecho da abóbada..., laço divino a ligar as coisas, a dar sentido — *fervor* — ao corriqueiro, para que seja navio governado, basílica do Deus vivo.

Não existe "projeto de vida" que ultrapasse em permanência e grandeza o da busca de Deus, como não existem projetos humanos nobres — a realização profissional, a constituição de uma família, a dedicação a qualquer causa social, política, de pesquisa científica — que não possam e não *devam* integrar-se no ideal cristão da busca de Deus na vida de todos os dias.

Desde que o Verbo, a Segunda Pessoa da Trindade, tomou carne e habitou entre nós, os homens já não dispõem de argumentos para dizer que a sua vida de todos os dias, cheia de planos e coisas, seja algo indiferente aos olhos de Deus. Jesus Cristo nasceu no seio de uma família, que santificou, exerceu um ofício, por meio do qual deu início à tarefa de redenção que culminaria na Cruz, entregou-se a obras de serviço nos seus anos de vida oculta e de vida pública. A normalidade humilde da vida de Cristo é incentivo e modelo para a normalidade engrandecida da vida do cristão.

Deus, que criou e conserva o Universo, que cria e recria constantemente a humanidade, em gerações sucessivas, que tem diante dos olhos o passado, o presente e o futuro, esse mesmo Deus... "só sabe contar até um", isto é, interessa-se por mim, pelas minhas coisas, como se não houvesse mais ninguém por quem desvelar-se.

E se essas "coisas e loisas" que desfilam sem maior brilho, ao longo do tique-taque das horas infindáveis, atraem o olhar interessado e amoroso de Deus, não só não têm o poder de afastar-nos dEle, como têm a secreta virtualidade de modelar em nós a sua imagem: *Os que Ele conheceu de antemão, também os predestinou para reproduzirem a imagem de seu Filho, a fim de que Ele seja o primogênito entre muitos irmãos* (Rm 8, 29).

Esse é o ideal grandioso que se alcança por meio das pequenas coisas, quando convergem para o fecho da abóbada, ligadas pelo laço divino: a "gente como a gente", a *ordinary people*, está chamada a converter-se numa multidão de outros Cristos, alegres e vitoriosos no meio de um ramerrão sem glória.

Tanto faz que se trate de uma fiandeira que, monótona e pacientemente, vai bordando uma a uma as peças que hão de agasalhar o seu filho — um novo filho de Deus — que nascerá dentro de poucos meses, ou de um governante de cujas decisões depende o bem-estar de milhões de cidadãos. Todos, sejam quem for, estão chamados a buscar a Deus pelo caminho das pequenas coisas.

Vê-lo-emos melhor mais adiante.

OS INIMIGOS DAS PEQUENAS COISAS

Cuidado com as falsificações

Uma pessoa entra numa loja e pede uma mala de couro. O vendedor apresenta-lhe uma:

— Acho que esta lhe servirá, senhor. Veja, é flexível, os fechos são de latão brilhante, está costurada a mão...

— Mas é de couro?

— Bem, não é exatamente couro; é couroplás, mas é como se fosse couro.

— Não tem nenhuma de couro?

— Bem, temos este outro modelo em couroflex, quase tão durável como o couro; é lavável e não absorve água...

— Mas de couro não tem nada aí?

— Bem, na verdade, não. Mas por que o senhor está tão preocupado com esse detalhe?

Na verdade, qualquer um de nós responderia que esse pequeno detalhe é que é decisivo. A nenhum de nós nos basta que as coisas tenham a mesma aparência do produto original; queremos que sejam *autênticas*.

A autêntica preocupação com as pequenas coisas é aquela que busca nelas a realização acabada, perfeita, de um projeto divino. Ora, como acontece com tantas coisas grandes, também neste campo pode haver falsificações, tropeços e traições.

Cuidar dos detalhes... ou perder-se neles?

Em primeiro lugar, não são "pequenas coisas", no sentido em que as temos utilizado, as minúcias do *perfeccionista*. Cuidar dos detalhes com atenção e esmero é totalmente diferente de *perder-se nos detalhes*.

Curiosamente, quem padece desse tipo de desvio acaba — estranho paradoxo — por negar o próprio conceito de perfeição que parece guiá-lo. Para o perfeccionista, tudo o que empreende está por ser melhorado, ainda é impróprio dele, não está à altura da sua "criatividade", dos seus talentos e do seu saber. Titubeia, hesita, faz e refaz a sua "obra-prima" sem cessar, sem nunca chegar a finalizar nada. E cai nas desculpas, nas protelações, nas promessas não cumpridas.

Desse modo, contradiz e frustra a própria perfeição que ambiciona, porque a perfeição exige que se ponha a última pedra na construção em andamento. É o que a mitologia representou sob a figura de Sísifo, o titã condenado pelos deuses a carregar até ao cimo de uma montanha um enorme pedregulho: quando por fim chega lá, exausto, já não tem energias para impedir que o calhau role pela encosta abaixo. E tem de recomeçar o esforço, sabendo que a cena voltará a repetir-se eternamente.

Esse é o castigo que o homem impõe a si próprio quando coloca a meta dos seus acabamentos numa "perfeição" desumana, em que não busca a obra, antes busca a si mesmo, a sua imagem irretocável, como se fosse ele a medida da perfeição.

O perfeccionista não conta com a ajuda dos outros, nem, no fundo, consigo próprio: com a capacidade de subir por degraus, de absorver as experiências negativas e fazer dos seus dias um aprendizado. E sobretudo não conta com Deus. Parafraseando levemente o poeta, não toma consciência de que:

Da obra ousada a minha parte é feita;
o por-fazer é só com Deus.[4]

Por isso, custa-lhe também comprometer-se. Foge de assumir riscos sob a falsa humildade de que "para não fazer ou para fazer mal feito, prefiro não fazer". As grandes causas divinas ou mesmo humanas encontram nele a resistência do homem interiormente oprimido e doentiamente escrupuloso, que encara as pequenas coisas não como pontes de esperança, mas como pedras no caminho. O perfeccionista não ama as coisas pequenas; tem a alma pequena.

Os novos fariseus

Uma segunda variante falsificada das "pequenas coisas" são as "picuinhas" do *rigorista*.

Uma pessoa responsável é consciente de que, no campo da conduta humana, há detalhes importantes que não se podem descuidar, e que por isso é necessário ser rigoroso, estrito; deixá-los passar, quando dizem respeito às virtudes do caráter, à honestidade profissional, à lealdade na convivência familiar ou social, à esmerada educação moral dos filhos, poderia ser a porta aberta para o laxismo e, em última instância, para todas as baixezas e covardias.

O rigorista, porém, tem outro gênero de preocupações. O que o obceca são as formas, as questões de "ordem", de "precedência", os slogans tão politicamente corretos quanto vazios de conteúdo, a tal ponto que filtra um mosquito e engole um camelo (cf. Mt 23, 24) e assim acaba por violar os ditames da justiça, da moral natural e da própria liberdade.

Rigorista é o homem que briga pelo acessório em detrimento do essencial. Teremos visto pais e mães de família que fazem questão da absoluta correção dos filhos na maneira de falar, de vestir, de comportar-se à mesa ou com as visitas, e não cuidam de incutir-lhes, desde pequenos, sólidos princípios de formação humana e religiosa, de saber os amigos com quem andam, como se distraem, o que leem, se é que leem.

O rigorista não sabe graduar a importância das coisas. Sem ir mais longe, será um profissional zeloso, absolutamente pontual, mesmo que para isso tenha de sair de casa sem ao menos perguntar à esposa por que está com tão má cara: depois se verá. Aliás, de tanto cultuar a ordem e a pontualidade — duas riquíssimas "coisas pequenas", sem nenhuma dúvida —, a esposa terá de "pedir-lhe hora" para tratar com ele com certo vagar de algum assunto. E nem falemos do filho com problemas na escola ou em plena crise de puberdade. O rigorista atribui aos meios a categoria de fins; não sabe que não é o homem para o sábado, mas o sábado para o homem (cf. Mc 2, 27).

Mas não será este um defeito do passado, próprio da era vitoriana? A bem dizer, antes parece estarmos diante de uma das tendências mais difundidas entre os homens de todos os tempos e de todos os lugares, pois todas as épocas produzem os seus fariseus. Aliás, o nosso século — o século do fim de todos os tabus; afinal, não é proibido proibir? — parece ter sido paradoxalmente "abençoado" com eles e com os seus novos tabus, nas mais diversas formas: ecologistas radicais, antifumantes virulentos, comovidos protetores de animais, melindrados defensores da liberdade dos meios de comunicação, ao preço vil de qualquer difamação ou de qualquer insulto à decência. E que dizer dos que mercadejam com a fé, transformando-a num elixir de farmácia — baratinho — para os aflitos e os desiludidos?

Todos esses reducionismos — com o seu cortejo de ritos, frases feitas e "não me toques" — são reveladores de um rigorismo espasmodicamente fanático, em que as "pequenas coisas" — e as grandes! — foram cruelmente falsificadas a serviço da mesquinhez anti ou infra-humana.

A "quinta-coluna"

A senda das coisas pequenas é acessível e universal. Com elas, o ideal vai passando gota a gota para a realidade. Sem elas, esfuma-se na amargura do fracasso. Mas é uma senda que forja no seu próprio bojo uma espécie de "quinta-coluna", isto é, os seus inimigos internos. Chamam-se eles a rotina, o desleixo e a fuga. Rotina, que é perder de vista *por que* fazemos as coisas. Desleixo, que é fazer mal *o que* fazemos. E a fuga, que é abandonar o que fazemos, virar as costas ao que *devemos* fazer.

As rotinas e a rotina

Conta-se que o discípulo de um velho monge budista tibetano, depois de longos anos de aprendizagem, foi incumbido pelo seu mestre de procurar nos rios da China a pedra filosofal, ao contato com a qual todos os metais se transformariam em ouro.

Começou a sua tarefa com um entusiasmo enorme: cada calhau lhe parecia ser a pedra que buscava e, tomando-a com as mãos trêmulas de expectativa, esfregava-a na fivela metálica do cinto, esperando que esta se convertesse em ouro. Mas o tempo passava e o esperado não acontecia.

Pouco a pouco, o rapaz foi caindo na rotina. O gesto com que levava os seixos à fivela foi-se tornando maquinal, e, decorrido mais algum tempo, deixou até de olhar a fivela. Cumpria a sua tarefa como um autômato.

Passados dez anos, resolveu regressar e dizer ao mestre que tinha fracassado. Mas estava tão cansado e tão sujo que, horas antes de chegar, quis lavar-se num regato que corria à beira do caminho. E então, ao debruçar-se sobre a água e ver-se refletido nela, observou que a sua fivela, que antes fora de ferro negro, agora era toda de ouro... Qual teria sido a pedra que a transformara? Já não podia sabê-lo. Só sabia que a tivera nas mãos e a devolvera às águas.

Assim é a rotina: embota os gestos que realizamos e, com isso, esvazia-os de sentido e compromete a sua finalidade. Afinal, a vida de todos caminha dentro de um trilho mais ou menos estreito e repetitivo; há determinadas tarefas que temos de realizar todos os dias, e são elas que configuram praticamente as nossas responsabilidades ao longo da vida. Aliás, o bom desempenho dessas responsabilidades passa até pela instauração de boas "rotinas", isto é, de modos habituais de fazer as coisas.

Mas essas *rotinas* não são a *rotina*. A rotina, mais do que fazer as coisas *de sempre*, consiste em fazer as coisas *como sempre*. É considerá-las como algo sabido e ressabido, desprovido de qualquer novidade, algo que é preciso "ir levando", "ir empurrando com a barriga", até que surjam no horizonte, não se sabe por que artes mágicas, outros campos em que aplicar os nossos talentos. Não é de admirar que, na pessoa que se deixa arrastar por esse modo cansado de encarar as suas ocupações, se produza pouco a pouco uma sensação de tédio infinito, um vazio de mundos: "Grandes são os desertos, ó minha alma — diz o poeta —, grandes são os desertos, e tudo é deserto".[5]

A rotina abre as portas à estagnação, à decadência e, por fim, ao anquilosamento do espírito; infiltra-se sorrateiramente; não se apresenta sob a forma de atitudes concretas, mas revela-se na falta de atenção aos pormenores e de brio no que se faz. E de repente a pessoa se apercebe de que está amortalhada na ausência de qualquer esperança nobre que lhe dê rumo e estimule a existência. A vida se reduz, na brutal expressão de T.S. Elliot, a "comer, copular e morrer".

A rotina desfaz os melhores sonhos. A carreira profissional estaciona nas malhas de uma "burocracia" estúpida. A vida conjugal, centrada nas satisfações materiais e nas comodidades de uma vida instalada, perde a eterna novidade do amor e dá lugar às decepções descarnadas: "Quando me casei" — dizia certo marido decepcionado —, "ela era uma gazela. Hoje... é um hipopótamo".

As causas desse embotamento podem ser muitas, mas poríamos o dedo na chaga se víssemos que a razão última dessa perda de sensibilidade e de entusiasmo pelo cotidiano se esconde, como veremos, em "imaginar que Deus está ausente das coisas de cada instante por serem tão simples, tão triviais".[6]

O "COEFICIENTE DE INÉRCIA"

Trazemos em nós um segundo inimigo das pequenas coisas, cuja raiz é a preguiça. É uma espécie de "coeficiente de inércia" que nos leva a ir adiando, desempenhando pela metade ou recortando as nossas responsabilidades. Trata-se do *desleixo*, que geralmente anda ligado à rotina, mas não é propriamente a mesma coisa: se a monotonia resulta de um ideal que murchou na sequência dos dias, no desleixo vai-se progressivamente rebaixando as suas exigências por mero comodismo.

Quem se entrega descuidadamente às suas ocupações em breve chega a resignar-se a ser apenas "bom", depois a "ser como os outros" e por fim ao relaxamento total. Aquele que era um bom profissional, com ideais nobres de serviço aos outros, contenta-se com ser "prático e realista", e por fim descobre-se mercenário. Aquele que se casara entusiasmado com a missão de constituir uma família que fosse a obra da sua vida, descobre-se quarentão, sem generosidade para o sacrifício continuado, pai enfastiado e sem nada que oferecer aos filhos. E tudo isso não por uma traição consciente, mas por uma passividade que o leva a *cansar-se* da "longa carreira" inerente a todo o ideal.

O homem sempre está *a caminho* dos seus projetos de vida, e um pequeno desleixo nessa caminhada constitui um começo de desvio de rota, apesar de parecer momentaneamente sem importância. Cai-se assim na esperteza manhosa, na lei do menor esforço, no "mais ou menos", nas compensações substitutivas, nos "jeitinhos" e nos "panos quentes", para acabar num desastroso "tentei, mas não deu".

O desleixado é o homem do "quase": "quase consegui", "quase terminei", "quase fiz". Mas a verdade é que não conseguiu, não terminou, não fez. E esse "quase", a que faltou um detalhe — o último na longa sequência de frouxidões —, invalidou todos os esforços acumulados e destruiu a fidelidade. De que serviria um "quase-herói" que dissesse: "Quase consegui que esse casal amigo não se separasse"? Ou, o que não é infrequente, "quase consegui que esse meu parente se confessasse à hora da morte"? Não teria que olhar para trás e avaliar todas as pequenas traições ao dever que foi colecionando pela sua apatia?

As três manifestações mais comuns do desleixo são as omissões, as remissões e a preguiça propriamente dita.

As *omissões* representam o mau sono da tibieza. Omite-se ora este, ora aquele detalhe no cumprimento das tarefas próprias, descumpre-se o prazo na entrega de um trabalho, esquece-se um encontro marcado ou uma promessa feita a um filho. São fraquezas a que todos estamos sujeitos, mas as omissões e os esquecimentos *repetidos* já não são apenas sinônimo de fraqueza, mas sintomas de clara tendência à acomodação.

As *remissões* — expressão clássica para o que hoje se costuma chamar "adiamentos" — são uma maneira fraudulenta de estarmos em paz conosco próprios. Dizer: "amanhã faço", "neste momento não tenho tempo", "agora não é oportuno" são evasivas que intranquilizam menos a consciência do que um categórico "não vou fazer isto", mas na realidade são fórmulas equivalentes.

Quem protela indefinidamente as tarefas mais custosas ou desagradáveis, quem suspende ou interrompe um trabalho sem o ter concluído, quem não recomeça mas prefere iniciar outra coisa, cria em si uma carapaça de indiferença, de "tanto faz" que lhe anestesia o espírito e o deixa sem forças. "Deus prometeu perdão ao vosso arrependimento — diz Santo Agostinho —, mas não prometeu amanhã aos vossos adiamentos".[7]

Por último, a *preguiça* pura e simples não se defende com desculpas, como as omissões e as remissões, mas está na base de uma e outra e de todos os desleixos em geral.* Existem mil truques para evitar que nos esgotemos no cumprimento pontual e esmerado dos nossos deveres, sempre falhando nas pequenas coisas. Arredonda os ângulos mais agudos, como dizem os americanos, contorna as dificuldades — que nem por isso deixarão de aparecer mais adiante —, transfere responsabilidades, "faz sobre o joelho", "marreta"

(*) Sobre esta matéria, veja-se Francisco Faus, *A preguiça*, 4ª ed., Quadrante, São Paulo, 2016.

(ou "atamanca", como diz o dicionário com palavra mais erudita) qualquer encargo que lhe toque realizar... e chega até a esfalfar-se em mil coisas só para esquivar-se ao que deve:

"Desenvolves uma atividade incansável. Mas não procedes com ordem e, portanto, falta-te eficácia. — Fazes-me lembrar o que ouvi, certa vez, de lábios muito autorizados. Quis louvar um subordinado diante do seu superior, e comentei: Quanto trabalha! — Deram-me esta resposta: Diga antes: quanto se mexe!"[8]

E o autor perfila em outro momento essa mesma observação: "À força de descuidar dos detalhes, podem tornar-se compatíveis trabalhar sem descanso e viver como um perfeito comodista".[9]

As rotas de fuga

Por fim, o grande inimigo das pequenas coisas é a *evasão*, a fuga da realidade concreta por meio dos sonhos e rococós de uma imaginação anárquica.

Desde o pecado original, todos os homens nascem mais ou menos "brigados" com a realidade, essa realidade que, como víamos, se compõe de pequenos gestos e ações, como um edifício de grandeza imponente se compõe de tijolos, montados um a um. Por isso, todos temos uma notória tendência para a utopia e os sonhos de grandeza, seja qual for a nossa idade.

Quando a pessoa se deixa dominar pela sensação de monotonia e pela tentação do desalento, a tendência para a evasão se acentua. Compara a sua realidade descolorida, custosa e minguada, com as belas paisagens pintadas sem qualquer esforço ou compromisso pela sua imaginação e, como é óbvio, inclina-se para estas. Refugia-se cada vez mais num mundo interior de fantasia, totalmente dócil aos seus caprichos e desprovido das inevitáveis limitações do real.

Se for dado a voos intelectuais, chegará a montar vastas construções quiméricas, muitas vezes "craneadas" até ao último detalhe, mas sempre falhas porque partem de um pressuposto falso, desligado da realidade: utopias políticas, sistemas filosóficos, programas de redenção social ou religiosa. É um Rousseau com a sua teoria do "homem naturalmente bom", um Kant com o seu subjetivismo desagregador da consciência moral, um Lutero com a sua chave única da "fé", um Marx com o seu reducionismo do drama humano às "relações de produção", um Hayek que vê a salvação última nas "leis de mercado"...

Se for dado às construções sentimentais, divertir-se-á a encenar melosas histórias de amor ao estilo das radionovelas de antigamente, aventuras dramáticas de retumbante heroísmo, empresas-modelo de justiça social, ideais mirabolantes de assistencialismo... E em tudo isso, ele é o protagonista, o herói, ainda que, dia sim, dia não, perca a condução que o deixará a tempo no emprego... Já alguém disse que trazemos dentro de nós um herói... fracassado!

Se for dado à melancolia, rebuscará os porões e sótãos da memória à procura de tristezas, ofensas e dores passadas, ampliará até ao infinito as desconsiderações de que acha ter sido objeto, verá em tudo conspirações para prejudicá-lo, viverá momentos de angústia com o pressentimento de um futuro trágico e sombrio. Sofrerá intensamente de vitimismo e autopiedade, chafurdará em sentimentos de miséria e culpa, e sentirá um requintado prazer em obrigar os outros a participar do inferno que criou para si mesmo.

Em tudo isso, que pode chegar a ser patológico, há um núcleo comum: o egocentrismo, que tudo refere a si. É a velha história em quadrinhos do astrônomo real ao telescópio. Entra o rei:

— Que procuras?

— O centro do Universo, Majestade.

— Então, podes parar. Já o encontraste.

Uma das manifestações desse egocentrismo é precisamente *a ilusão das coisas grandes*. A pessoa considera-se feita para grandes façanhas e desilude-se com as mesquinharias do cotidiano:

"Não nasci para isto". Vive sob a impressão de que "merecia melhor sorte" e queixa-se constantemente de que "a vida" ou "os outros" não lhe proporcionam os meios. Torna-se amargurada e "compensa" por meio do sonho o que a realidade lhe nega.

E ainda outro elemento comum que leva a essa fuga: *o medo do esforço*, do sofrimento que a vida real traz consigo. Lutar no dia a dia, no terra a terra, comporta um sem-número de pequenos sacrifícios pessoais. O sonhador é aquele que, para não ter de sofrer ao embate da realidade, foge para a cápsula protetora do seu sonho.

Mas não se diz que "sonhar não paga imposto"? Paga, sim, e pesado. Quem se retira para o mundo dos sonhos paga na sua própria carne o fracasso de todos os ideais nobres que um dia alimentou: condena-se a não realizar nada, a não terminar nada do que começou. Condena-se a não sentir nunca a felicidade verdadeira que nasce do dever cumprido e da obra acabada. Seu destino é levar desta vida os farrapos do balão tingido de purpurina dos seus devaneios desertores.

Mas... então não se pode sonhar? É outra vez pelos versos do poeta que podemos ter a resposta:

> *Sê todo em cada coisa. Põe quanto és*
> *no mínimo que fazes.*
> *Assim em cada lago a lua toda*
> *brilha, porque alta vive.*[10]

As pequenas coisas, quando nelas colocamos os cinco sentidos — "sê todo em cada coisa" —, passam a refletir as maravilhas que anelamos em nossos sonhos.

DEUS E AS PEQUENAS COISAS

Víamos anteriormente que não existe ideal mais nobre que o da busca de Deus, nem ideal humano algum que não possa e não *deva* integrar-se nele. A esse ideal "integrador" se reconduzem muitas vidas que nos intrigam.

Qual o segredo de certas pessoas que parecem levantar-se todos os dias com o pé direito? Onde vão buscar essa grandeza de alma, serena e sem espaventos, que só se faz notar quando são atingidas por uma contrariedade extraordinária? De onde tiram essa constância no trabalho, essa paz imperturbável ante a dor, essa vibração amistosa no trato, acompanhadas de extrema generosidade?

Descendo ao comezinho, por que não se queixam quando faz muito calor ou muito frio, quando o trânsito está impossível, quando a refeição não foi servida a horas ou o arroz não está solto? Por que as suas conversas não giram em torno dos seus achaques, da poluição, das dificuldades econômicas? Se vivem nesta mesma terra em que nós vivemos, acaso se refugiaram no mundo da lua?

E, em contrapartida, por que outros parecem desgastar-se com o suceder dos acontecimentos cotidianos, cansando-se, empobrecendo-se e esvaziando-se? Se para aqueles como para estes os dias são igualmente silenciosos e sem brilho, com a mesma carga de rotinas e contratempos, de alegrias e preocupações, no trabalho ou em casa, por que estes parecem morrer de asfixia, corroídos por um espírito de novidade que é "o bálsamo das vidas vazias", ao passo que aqueles têm um sorriso permanente nos lábios?

É que existe um sadio espírito de novidade nessas vidas que nos intrigam. São vidas que encontraram a novidade no habitual, porque no habitual — seja positivo, negativo ou indiferente — descobriram pistas que as levam para mais perto de Deus, e Deus, o seu Espírito, *renova a face da terra* (cf. Sl 103, 30).

O "materialismo" cristão

Desse modo, em nome do ideal, do maior dos ideais — Deus —, não estaremos caindo num idealismo utópico, tão ou mais cego e alienante do que o das mentalidades febris que examinávamos atrás? Que tem a ver Deus com as realidades cotidianas?

Tudo. Deus está presente nas coisas, porque lhes dá o ser; e, vice-versa, as coisas estão presentes em Deus, pois são modos de Ele se manifestar aos homens. Esta interpenetração entre Deus e as realidades cotidianas é a que constitui o cerne de uma espiritualidade verdadeiramente laical, tal como podemos vê-la enunciada na doutrina de São Josemaria Escrivá, que está na base das considerações que fizemos até aqui e das que faremos. Assim expõe essa doutrina o Fundador do Opus Dei, num dos seus textos mais expressivos:

"Tenho-o ensinado constantemente com palavras da Escritura Santa: o mundo não é ruim, porque saiu das mãos de Deus, porque é criatura dEle, porque Javé olhou para ele e viu que era bom (cf. Gn 1, 7 e segs). Nós, os homens, é que o fazemos ruim e feio, com os nossos pecados e as nossas infidelidades. Não duvidem, meus filhos: qualquer modo de evasão das honestas realidades diárias é para os homens e mulheres do mundo coisa oposta à vontade de Deus.

"Pelo contrário, devem compreender agora — com uma nova clareza — que Deus os chama a servi-lO *em* e *a partir* das tarefas civis, materiais, seculares da vida humana. Deus nos espera cada dia: no laboratório, na sala de operações de um hospital, no quartel, na cátedra universitária, na fábrica, na oficina, no campo, no seio do lar e em todo o imenso panorama do trabalho. Não esqueçam nunca: há *algo* de santo, de divino, escondido nas situações mais comuns, algo que a cada um de nós compete descobrir.

"Eu costumava dizer àqueles universitários e àqueles operários que me procuravam lá pela década de 30, que tinham de saber *materializar* a vida espiritual. Queria afastá-los assim da tentação, frequente naquela época e agora, de levar uma espécie de vida dupla: a vida interior, a vida de relação com Deus, por um lado; e, por outro, diferente e separada, a vida familiar, profissional e social, cheia de pequenas realidades terrenas.

"Não, meus filhos! Não pode haver uma vida dupla, não podemos ser como esquizofrênicos, se queremos ser cristãos. Há uma única vida, feita de carne e espírito, e essa é que tem de ser — na alma e no corpo — santa e plena de Deus, desse Deus invisível, que nós encontraremos nas coisas mais visíveis e materiais.

"Não há outro caminho, meus filhos: ou sabemos encontrar o Senhor na nossa vida de todos os dias, ou não O encontraremos nunca".[11]

Valeu a pena a longa citação, porque nos faz ver que o ideal da busca de Deus não só não nos aliena e segrega do mundo das realidades cotidianas, como nos devolve necessariamente às suas vicissitudes: *ou sabemos encontrar a Deus na nossa vida de todos os dias, ou não O encontraremos nunca!*

Só quem aprende a olhar as pequenas coisas de modo a descobrir nelas o sentido divino que encerram, é que faz culminar a sua busca de Deus num encontro com Ele. Saint-Éxupéry exprime-o poeticamente na obra antes citada:

"Vim por esta altura a saber o seguinte: aquele que reconhece o sorriso da estátua ou a beleza da paisagem ou o silêncio do templo, é a Deus que ele encontra. Ultrapassa o objeto para atingir a chave, as palavras para ouvir o cântico, a noite e as estrelas para experimentar a eternidade".[12]

O realismo da fé

Quando abrimos os olhos dessa forma, buscando, no dizer de Guimarães Rosa, o *quem* das coisas, essa atenção clarividente e amorosa conduz-nos ao *realismo sobrenatural* de que nos fala Escrivá: "O cristão é realista, de um realismo sobrenatural e humano sensível a todos os matizes da vida: à dor e à alegria, ao sofrimento próprio e alheio, à certeza e à perplexidade, à generosidade e à tendência para o egoísmo. O cristão conhece tudo e tudo enfrenta, cheio de integridade humana e da fortaleza recebida de Deus".[13]

Costuma-se chamar "realista" ao homem do senso prático, de pés no chão, que desconfia das promessas e dos futuríveis e se guia pelo interesse imediato; que aplica ao pé da letra aquele provérbio caipira: "Sapo não pula por *boniteza*, mas por *percisão*".

Ora, um homem desses não é um verdadeiro realista, mas um míope, porque, de tanto olhar apenas o que a sua vista e os seus interesses alcançam, corre o risco de tornar-se um cético, depois um resignado e por fim um desesperado: um desesperado silencioso, atrelado ao peso esmagador da monotonia da qual não pode fugir — da qual não adianta fugir — e à frustração da dor, das desilusões e dos fracassos, inevitáveis em qualquer vida. Quem se cristalizasse nessa atitude seria, nas palavras de Chesterton, como aquele homem que, de tanto olhar fixamente uma mancha no tapete da sua sala de estar, se tornou incapaz de recuar uns passos e admirar o belo desenho do tapete, a harmoniosa decoração da sala de estar, o aconchego do seu lar e o perfil da sua casa recortada contra o céu estrelado...

O mal que nos espreita por trás das circunstâncias cotidianas é cegar-nos para a *realidade completa*. As coisas pequenas, em si, são a realidade a que não se pode fugir, mas não são *toda* a realidade. Para um cristão, o realismo integral é *o realismo da fé*. O problema é que a fé em nós é fraca, incapaz de ultrapassar meia dúzia de práticas intermitentes, de convicções superficiais, e banhar a vida, insuflando-lhe uma nova perspectiva.

Seria muito longo e escaparia ao nosso tema pormenorizar aqui os meios ao nosso alcance para termos essa fé gigante que absorve, unifica e dá conteúdo aos nossos afazeres e cuidados cotidianos. Mas vale a pena ao menos mencionar alguns, e, curiosamente, veremos que estão tão ao alcance da mão como as pequenas coisas que povoam os nossos dias.

O fortalecimento da fé

Você introduziu na sua rotina diária o hábito de ler cinco minutos por dia o Evangelho? Uma coisa pequena, mas, como pretende saber que sentido dar ao seu trabalho profissional, se não tem presente que Cristo foi artesão ao longo dos seus trinta anos de vida oculta? E como quer enfrentar as pequenas contrariedades da jornada, se não ouve Cristo pedir-lhe afetuosamente que O siga carregando a sua cruz de cada dia?

Você já se recolhe diariamente em colóquio interior com Deus, para comentar com Ele, por quinze a trinta minutos de oração mental, as responsabilidades que o esperam ou as alegrias e fracassos momentâneos do dia que está terminando? Como quer ter paz da manhã até à noite, se Cristo é a nossa paz e você foge de conversar com Ele? Não foi Ele que o disse?: *Vinde a Mim, vós todos que estais cansados e sobrecarregados, que Eu vos aliviarei* (Mt 11, 28).

Fortalecer a fé é ainda socorrer-nos do poder tonificante da Comunhão sacramental — outra "rotina" que não é nenhum excesso introduzir entre as ocupações diárias, desde que se esteja nas condições devidas porque o Corpo e o Sangue de Cristo, que não veio para os de boa saúde mas para os enfermos, dão forças para enfrentarmos com garbo o peso e as penas dos dias.

Ao calor da intimidade com o Deus vivo, atualizada por essas e outras práticas, vamo-nos tornando objetivos e fortes, serenos e empreendedores, à hora de encararmos as circunstâncias do dia a dia.

Objetivos

Voltemos à imagem de Saint-Éxupéry que antes mencionávamos: quem é mais objetivo ou realista — o peão de obra, que só vê pedras no material que transporta, ou o arquiteto que, nas pedras que se vão dispondo, antevê a basílica?

A fé completa e amplia a realidade, sem a desvirtuar, porque permite ver com os olhos de Deus. Desemboca naquilo que se chama "sentido sobrenatural" e que leva a pessoa a ver as coisas, mesmo as mais corriqueiras, em função e como elemento vital do plano de Deus para ela; é um "acostumar-se a andar como que olhando para Deus pelo canto do olho nas tarefas diárias",[14] para tentar captar se as pequenas ações fazem parte da construção divina ou são casa edificada sobre a areia.

Contava-me certa pessoa que, ao abrir a alma em confissão, disse um dia ao sacerdote que por vezes duvidava se, quando interrompia o trabalho por uns momentos, o fazia por cansaço ou por preguiça. E que o sacerdote, um homem de fé enérgica, lhe respondeu com um sorriso malicioso:

— Olhe, não há motivo para inquietar-se. Se duvida se é cansaço ou preguiça, então é porque é preguiça mesmo!

Essa é a objetividade que nos dá o "sentido sobrenatural" da fé, porque chama as coisas pelo seu nome, sem paliativos. E porque nos permite situar-nos numa perspectiva segura para encarar as circunstâncias triviais ou não da vida diária: "As pessoas, geralmente, têm uma visão plana, pegada à terra, de duas dimensões. — Quando a tua vida for sobrenatural, obterás de Deus a terceira dimensão: a altura. E, com ela, o relevo, o peso e o volume".[15]

FORTES

Essa visão "de altura" leva a persistir no cumprimento dos detalhes da vida cotidiana com firmeza, como elementos constituintes de um plano articulado, parte *necessária* de uma trajetória traçada pelo próprio Deus e em que Ele está diretamente empenhado.

Esta consideração é a que convida à fidelidade no dia a dia, especialmente à hora do cumprimento do dever e à hora dos obstáculos e contrariedades.

O *cumprimento do dever* — "Cumpre o pequeno dever de cada momento; faz o que deves e está no que fazes", diz *Caminho*[16] — é o campo por excelência onde se distingue o homem de fé daquele que se guia pelo mero sentido de responsabilidade humana ou por interesses pessoais. Porque o homem de fé nunca falta ao encontro marcado com o dever de cada instante: seja grato ou desagradável, importante ou insignificante, tenha público ou passe inadvertido. Pouco lhe importam os aliciantes humanos, se tem um Espectador divino.

Por outro lado, as *contrariedades* de cada jornada não são para o homem de fé uma pedra de tropeço, um fator de complicação, mas provas absolutamente seguras da presença de Deus ao seu lado: "Queres maior prova do que a cruz para saber que O encontraste?", pergunta o Fundador do Opus Dei.

SERENOS

Serenos, porque *bastam a cada dia os seus cuidados* (cf. Mt 6, 34). A miopia do homem que se enreda nas coisas sem ver nelas *veículos* do querer de Deus, leva-o ao fastio e daí ao desassossego. Esse homem será presa da insatisfação e da rebeldia, e acabará por cair em movimentos inesperados de nervosismo e brusquidão no convívio com os colegas e os familiares.

Quem se sabe constantemente acompanhado pelo olhar amabilíssimo de Deus, aprovado e encorajado por Ele, está sempre tranquilo e vive o presente sem angústias pelo passado nem opressões negras pelo futuro. Nunca tem preocupações; só tem muitas ocupações.[17]

Vive sempre em presente, desterrando definitivamente da sua vida os *condicionais*: "Ah, se eu tivesse feito engenharia e não direito!", "Ah, se eu me tivesse casado com a Belarminda ao invés da Cunegunda!"... Ocupa-se serenamente em ser fiel ao *concreto*, e com isso resgata o passado e põe as bases do futuro.

Empreendedores

Um dia, dei com os olhos na "sabedoria do irmão de estrada" que inscrevera na traseira do seu caminhão de carga: "Eu não sou o dono, mas sou filho do dono". Nunca mais me esqueci.

Assim são os homens de fé prática: sabem-se filhos de Deus e, por isso, *atrevem-se!* As suas pequenas coisas não os amesquinham nem anquilosam, mas empurram-nos para o alto-mar que lhes pertence por herança. "As almas grandes têm muito em conta as coisas pequenas", escreveu o Fundador do Opus Dei[18] ao abrir um panorama de horizontes divinos aos homens e mulheres correntes, cujos nomes não serão inscritos no livro da História.

A essas almas grandes cabe a tarefa gigantesca de, com pequenos passos, no seu próprio ambiente, serem testemunho de pureza de vida, garantia dos valores familiares, exemplo de honradez profissional, forjadoras de ideais nobres para a juventude, mão generosa estendida aos menos favorecidos, defensoras "politicamente incorrectos" de leis que não achincalhem a dignidade humana. Andam na contramaré dos tempos, mas é delas — por poucas e desconhecidas que sejam, como o condutor do caminhão — que dependem os novos tempos. Parece-nos pouco?

"És, entre os teus, alma de apóstolo, a pedra caída no lago. — Provoca, com o teu exemplo e com a tua palavra, um primeiro círculo; e este, outro... e outro... e outro... Cada vez mais largo. Compreendes agora a grandeza da tua missão?"[19]

O QUE NOS PEDEM AS COISAS PEQUENAS

Defesa e ataque

Já teremos presenciado verdadeiras "implosões" da personalidade em conhecidos que reputávamos exemplares e que subitamente se afundam: aquele chefe de família dedicado que trocou a mulher e os quatro filhos pequenos por uma loira do tipo "tortinha de limão", aquele empresário de sucesso que um dia se declara falido e deixa na mão grandes e pequenos credores, enquanto ele se muda para Paris... E assim por diante.

Mas não nos iludamos com as aparências: esses desabamentos repentinos têm por trás um período prolongado de desleixos, quando não de fugas e traições. Nem por muito repetido, deixamos de condoer-nos do vestibulando que não passou porque — assim o diz com todo o descaramento na TV — à última hora a mãe adoeceu ou lhe saiu uma espinha no nariz.

Infelizmente, é provável que cada um de nós tenha de reconhecer que possui experiência pessoal dessa verdade, seja em que matéria for: "Foi dura a experiência; não esqueças a lição. — As tuas grandes covardias de agora são — é evidente — paralelas às tuas pequenas covardias diárias. — 'Não pudeste' vencer nas coisas grandes porque 'não quiseste' vencer nas coisas pequenas".[20]

"Uma casa não desaba por um movimento espontâneo — diz Cassiano, um autor de princípios do século IV. — A queda pode ser resultado de um defeito de construção, mas, na maioria dos casos, o que permite a penetração da água é o prolongado desleixo dos moradores: a princípio, a água infiltra-se gota a gota e vai roendo insensivelmente o madeirame e apodrecendo a armação; com o decorrer do tempo, o pequeno orifício vai ganhando proporções cada vez maiores, ocasionando fendas e desmoronamentos consideráveis; por fim, a chuva penetra nessa casa como um rio caudaloso".[21]

Esse "dinamismo" das pequenas coisas, que, no seu aspecto negativo, está na origem das grandes deserções, é o que, no seu aspecto luminosamente positivo, está na base da *luta contra os defeitos* e da *aquisição das virtudes*, pois ambas constroem o "homem bom".

Não faltam casos em que, num impulso súbito, alguém arrisca a vida para salvar um banhista que se afoga, mas não é isso o habitual, e, mesmo nessas vidas que se destacam por um feito de bravura extraordinária, descobrimos que a ação foi precedida por um sem-número de atos generosos que lhe serviram de preparação.

As virtudes são, por definição, um *hábito* que inclina a agir bem. São, portanto, o fruto maduro de uma "rotina boa". E essa rotina boa, sabemo-lo por experiência, é algo que se adquire principalmente pela repetição de atos bons, mais do que por grandes esforços isolados. É assim, por sinal, que se moldam e se formam as coisas vivas: um dentista, quando tem de corrigir os dentes desalinhados de um paciente, aplica-lhes um aparelho de finíssimos arames de aço, para que, por uns pequenos esforços não interrompidos nem de dia nem de noite, o osso das gengivas se abra e os dentes se alinhem onde devem. O que se exige é uma pequena pressão constante, que atue sempre na mesma direção, e não a intervenção aparatosa de uma marreta. Isso são as virtudes: um esforço continuado, sempre na mesma direção. E os pequenos atos bons praticados no âmbito do cotidiano são o caminho para as grandes virtudes; são o caminho mais seguro ou, melhor, o *único* caminho.

Dividir para vencer

Senão, vejamos. Há pessoas que passam a vida oprimidas pela sensação de que precisam "reformar o caráter", empreender uma mudança de vida *decisiva*. Mas como imaginam que essa reforma é uma tarefa gigantesca, que mexe com a sua maneira de ser, adiam-na para algum momento propício ou aguardam que se produza algum evento extraordinário que lhes dê essa vontade radical ou lhes tire pela raiz as dificuldades. E, como é óbvio, esse momento e esse evento nunca chegam.

Desse modo esquecem — e a preguiça ajuda-os a esquecê-lo — que as grandes metas só se tornam mais próximas se começamos a andar em sua direção, a pôr um pé diante do outro. Na prática, que significa isto? Significa que a tarefa de atingir a perfeição das virtudes que nos faltam se traduz em cumprir uns *pequenos propósitos reais* que sejam degraus, desdobramentos acessíveis de uma meta à primeira vista inacessível. "Dividir para vencer" não é apenas a estratégia que Napoleão recomendava aos seus generais, mas uma visão realista de como devemos travar as batalhas do aprimoramento pessoal e do combate aos nossos defeitos.

Como conseguiremos, por exemplo — e é um exemplo entre mil —, controlar o nosso mau gênio? Comecemos por contar até dez antes de reagir: é um conselho ultrassabido e, no entanto, por que não nos ocorre começar por aí? Essa mordaça por uns breves segundos servirá para pormos os olhos, ao menos mentalmente, em algum crucifixo, e ver que palavras esse Cristo moribundo nos sugere e em que tom; não é uma beatice, é uma atitude varonil, porque custa! Mais adiante, resolvamos não queixar-nos nunca dos nossos contratempos, e trocar essas queixas por perguntas interessadas acerca do trabalho, da saúde, das dificuldades do nosso interlocutor: é reverter o fluxo normal do egocentrismo. Depois, fomentemos o sorriso habitual. Depois, tenhamos na ponta da língua temas de conversa positivos, e não, como acontece, de crítica, nem que seja contra a moça do tempo do telejornal. Depois... tantas coisas mais, mas uma após outra, uma vez firmado o pequeno hábito bom anterior. Desse modo, não nos parecerá nenhuma brincadeira de crianças, mas algo fantasticamente eficaz, o que dizia aquele sacerdote santo e sábio: "Se tirássemos um defeito por ano, hoje seríamos santos de altar!"

E o mesmo se passa com as virtudes. Aliás, vencer um defeito consiste em *construir* a virtude oposta. Se o caminho da nossa vida tem de ocupar-se em tapar as fendas e preencher as depressões profundas do nosso caráter, as virtudes formam como que pontes ou viadutos que permitem transpor esses trechos sem perder altura. É algo mais eficaz e sugestivo.

Os campos de luta, interligados

Por outro lado, em cada pessoa, tanto os seus defeitos como as suas virtudes constituem um "sistema interligado". É como num sistema hidráulico: se há um vazamento num dos canos, todo o conjunto perde pressão. Se tenho tendência para a tristeza e a melancolia, o "furo" pode estar no excesso de imaginação, berço e covil de fantasmas; ou na falta de ordem e de aproveitamento do tempo, que entristece pela esterilidade; ou na ausência de abertura para os outros, que asfixia nos miasmas dos problemas próprios... ou em tantas coisas mais. Quer isto dizer que, se se tapa um desses buracos, todo o conjunto se beneficia.

Mas isso significa igualmente que crescer em *uma virtude* é o caminho para crescer em muitas outras, enquanto de passagem se eliminam muitos defeitos ou carências. Fixar um horário e cumpri-lo, por exemplo, ajuda a ter a cabeça no que se faz, contribui para trabalhar com ordem e paz e, nessa medida, melhora a amabilidade e o bom humor no relacionamento com os colegas e em casa. Não são poucos os que descobriram maravilhados que passar por uma igreja e permanecer lá uns minutos em oração silenciosa, no começo do dia, lhes dá serenidade para enfrentar as tarefas que os esperam, lucidez para definir as prioridades, energias para ir em ajuda dos outros; e que fazê-lo antes de retornar à casa lhes desfaz a "pressão esmagadora da vida moderna" e lhes recompõe o ânimo para regressar cansados, sim, mas dispostos a descansar... distraindo e divertindo a esposa e os filhos, o que é uma excelente e nobre forma de descansar.

São, sem dúvida, pequenos segredos para problemas que se podem tornar grandes e para virtudes que parecem montanhas. A tragédia está em desprezar esses meios, e a alegria em descobri-los e praticá-los.

A descoberta das pequenas coisas

— Mamãe, as azeitonas têm perninhas?

— Não, filhinho.

— Então... engoli um besouro!

Esta venerável piada recorda-nos a *atenção* que a descoberta dos pequenos detalhes nos exige, se não queremos "engolir besouros".

A atenção, que afinal é um hábito como outro qualquer e que, portanto, exige treino, confere-nos capacidade de observação e leva-nos a concentrar a inteligência e os sentidos no que fazemos e nas pessoas que nos cercam.

Já vimos que todos tendemos naturalmente ao egocentrismo, a olhar em demasia para dentro de nós mesmos, apalpando continuamente o "ego" para ver se está bem acolchoado. Ora, a atenção quebra esse círculo de ferro que nos ata ao nosso mundo interior e inclina-nos a olhar *para fora* de nós mesmos. Além de ser um remédio eficaz contra os subjetivismos — com toda a sua sequela de hipocondrias físicas e espirituais, de voluntarismos histéricos, de autoestima quase paranoica e de suscetibilidades infantis —, abre-nos para a realidade que nos circunda e mesmo para o autoconhecimento valioso, e permite-nos enxergar pistas acessíveis e seguras para o combate em busca das grandes metas.

São os chamados "expedientes ou indústrias humanas",[22] sempre possíveis de encontrar na vida diária, e que constituem os *degraus* ao alcance dos nossos pés para as contínuas ascensões. É um dom saber descobri-los? Pode ser. Mas, mais do que isso, é um esforço de atenção, de autoanálise e de observação do concreto circundante, que demonstra a *sinceridade* com que queremos atingir as nossas metas. Como podemos dizer *sem mentir* que queremos alcançar determinada virtude que nos faz imensa falta, se não nos empenhamos em descobrir os pequenos atalhos escondidos na vida diária que nos levarão a ela? Porque não há dúvida de que quem quer o fim quer os meios, e quem *não quer o fim* também *não quererá os meios*. As metas são sugestivas; já os meios são antipáticos, modestos, exigem que os apliquemos sem demora e só dão resultado a longo prazo. Mas existe outro caminho?

Para não ir mais longe, como é que uma pessoa casada pode ser veraz nos seus propósitos de fidelidade conjugal, se, sem grosserias, não é austero no trato com aquela colega de escritório, se está sempre encontrando pretextos para oferecer carona àquela outra, se é todo ouvidos para as lamúrias daquela outra que está separada do marido? Quanto custou àquele jovem universitário descobrir que a sua falta de rendimento no estudo, o seu desinteresse em formar-se, as suas "insolidariedades" na vida do lar, o seu mau-humor com os colegas se deviam simplesmente a que ficava postado diante da televisão, como um boi ruminante, até altas horas da noite! Passou a deitar-se a horas, mudou a sua disposição de espírito e tudo entrou nos eixos.

"Com pupilas que o amor dilatou"

É necessária atenção, sim, esforço de observação. Mas há algo poderoso que concorre para aguçar e manter desperta essa sensibilidade atenta aos detalhes. Chama-se *amor*.

Quem observa melhor do que as mães? Quem tem maior capacidade do que elas para perceber o que se esconde por trás de uma pequena ruga na testa, de uns cantos de lábios caídos, de uns olhos baços e evasivos de um filho? "Para olhar, é preciso amar".

O olhar que as coisas e as pessoas nos pedem só pode ser um olhar amoroso, amorosamente interessado. Esse é o olhar com que Deus vê! E com que veem as pessoas que O amam e por isso se esforçam por ver nEle todas as coisas. Não existe olhar mais descortinador e perspicaz, mais minucioso, mais abrangente, mais *"impegnativo"*, do que esse, que nada fita, nada absorve, nada entende do que se passa senão acompanhando o olhar divino — paterno e materno — sobre as coisas.

Numa das biografias de São Josemaria Escrivá, "o Padre" como lhe chamavam os seus filhos no Opus Dei, lê-se este trecho que condensa o segredo profundo da descoberta das pequenas coisas:

Retina tão fabulosa como a do Padre contam-se poucas. Acontecia que, diante de uma ferramenta extraviada ou de um quadro torto, como que pendurado ao deus-dará, tinham passado já duzentos olhos duzentas vezes. Ninguém tinha reparado no pormenor. Mas eis que o Padre passava casualmente por esse lugar, e dava a impressão de que o descuido lhe murmurava timidamente uma queixa. O Fundador explicaria semelhante sensibilidade para os detalhes como um fenômeno espiritual. É que, olhando o mundo *pelas pupilas que o amor dilatou*, a vista se clarifica.

As pancadas ao fechar uma porta, a incúria, o descumprimento do horário, doíam-lhe profundamente. Não pelo fato em si, mas pelo que significava e pelas suas consequências: desprezo das pequenas coisas, que denotava falta de amor e de presença de Deus.[23]

"Deus anda metido entre as panelas"

Já se vê, pois, que o melhor posto de observação para captar as pequenas coisas rumo às grandes metas, os pequenos meios rumo aos grandes fins, é ganhar consciência de que o Deus vivo nos vê e nos ouve a cada momento.

Não se trata de cair em misticismos que nos alienem, mas exatamente do contrário: de penetrar tão fundo nas realidades que nos cercam que acabemos por descobrir nelas *todo* o seu sentido. Santa Teresa de Jesus, a mulher dos êxtases e dos arroubamentos, dizia jovialmente que "Deus anda metido entre as panelas". Trata-se de avistá-lO lá, entre as panelas da vida, sempre ao nosso lado, carinhoso, interessado, divertido. Isso não nos tira os pés do chão, mas finca-os com um realismo que nos devolve às coisas.

Esse *primeiro* olhar, base de todos os outros, também não exige grandes e complicadas rezas, mas uma simples elevação do coração ao Deus onipresente, por meio de uma palavrinha interior a que os clássicos chamam "jaculatória". Se Deus está onde eu estou, por que não me dirigir a Ele com frequência no meio das minhas ocupações e dizer-lhe sem ruído: "Meu Deus, creio firmemente que estás aqui, que me vês, que me ouves... Creio em Ti, espero em Ti, amo-Te..."?

São orações "de bolso", que não ocupam espaço nem nos distraem do que temos de fazer, como a lembrança do marido e dos filhos na escola, ou da esposa e dos filhos em casa, não tira concentração ao que estamos fazendo, antes no-la reforça e lhe dá novos brios.

Além disso, há interesse, ocupação ou situação alguma da nossa vida — mesmo de pecado, como veremos — que nos impeça essa comunicação instantânea com um Deus que nos segue constantemente como a filhos muito amados?

Jesus Cristo

Assim seguiu Deus os passos do seu Filho na terra, paralelos aos nossos nas situações do dia a dia.

Temos que trabalhar, tantas vezes em tarefas repetitivas, mal remuneradas? Cristo também trabalhou, e o seu trabalho de artesão não era dos que exigem grande criatividade nem permitem acumular fortunas fáceis.

Não podemos dedicar-nos às obras dos nossos sonhos, que farão o nosso nome figurar nalgum logradouro público, e às quais nos julgamos "predestinados", tantas vezes por capricho e outras tantas por vaidade? Nenhum museu conserva os arados e jugos, cadeiras e mesas que Cristo serrou e talhou.

Lamentamo-nos das mil incomodidades do cotidiano: um fim de semana estragado pela chuva, aquela dorzinha persistente na coluna, a doença da esposa ou do filho que não é grave mas preocupa? Também Cristo passou fome e sede, feriu as mãos em madeiras e pedras brutas, chegou esgotado ao fim de uma jornada de trabalho. E perdeu o pai adotivo, seu sustentáculo e modelo humano, antes de atingir os trinta.

Sofremos com a incompreensão, as críticas, as vilanias, os ataques à honra? Que são esses "arranhões" em comparação com as calúnias, a traição, a morte ao desamparo de Cristo na cruz?

Nós mesmos, se conhecemos minimamente os Evangelhos, podemos multiplicar os exemplos: não apenas os duros ou cansativos, mas também os felizes, como a alegria de Cristo numa festa de casamento, ou ao ver-se rodeado de umas criancinhas que querem abraçá-lO, ou de uns seguidores que lhe são fiéis na hora da deserção coletiva: *A quem iremos? Tu tens palavras de vida eterna* (Jo 6, 68).

Isto quer dizer que não há situação humana *nenhuma* que Deus não possa compreender e sobre a qual não lhe possamos falar por meio de uma breve invocação, de um pedido de ajuda, de um agradecimento comovido, de uma obra de fidelidade que lhe oferecemos... Isso são as jaculatórias, o ponto de inserção do corriqueiro no grandioso, que nos abre para a realidade *toda e divina* das incidências cotidianas.

"Eu lhes asseguro, meus filhos — dizia Mons. Escrivá —, que, quando um cristão desempenha com amor a mais intranscendente das ações diárias, está desempenhando algo donde brota a transcendência de Deus. Por isso tenho repetido, com insistente martelar, que a vocação cristã consiste em transformar em poesia heroica a prosa de cada dia. Na linha do horizonte, meus filhos, parecem unir-se o céu e a terra. Mas não: onde de verdade se juntam é no coração, quando se vive santamente a vida diária".[24]

As breves setas inflamadas — as jaculatórias, repetimos — disparadas do íntimo do coração humano para o Coração divino, no meio da azáfama do trabalho, do trânsito parado, do sossego do lar, são esse ponto de junção entre o céu e a terra.

Mas... e os nossos pecados?

Sim, os nossos pecados!, que são outra das realidades que temos de enfrentar, pois diz a Escritura que *o justo cairá sete vezes* (cf. Pr 24, 16).

Todo pecado grave — sabemo-lo bem — corta a relação com Deus e, por conseguinte, mergulha o homem nas trevas e cega-o para a realidade total das coisas.

Ora, se há alguma reação que não devemos ter nesse transe é desviar o olhar *para dentro* de nós mesmos, sob a forma de despeito, frustração ou constrangimento; isso seria apenas uma nova manifestação de egocentrismo. Não está em jogo a nossa imagem, nem sequer em primeiro lugar — embora seja algo importante — o mal que tenhamos causado aos outros. É comovente pensar que

Davi, depois de ter provocado a morte do seu general para lhe roubar a esposa, Betsabé, clamou antes de tudo a Deus num grito lancinante: *Só contra Vós pequei!* (Sl 50, 6).

A cegueira mantida pelo orgulho leva ao *estado de pecado*, que mais e mais turva o olhar e embota para a realidade. Não se veem as coisas pequenas... nem as grandes. Vale a pena meditar no monólogo que se lê num romance tardiamente traduzido entre nós.[25] É Júlia, a esposa frustrada de Rex e amante de Charles, quem desabafa de encontro ao peito deste, em palavras soltas e frases truncadas:

Passado e futuro; os anos em que tentei ser uma boa esposa, na fumaça dos charutos, enquanto as fichas estalavam no tabuleiro de gamão e o homem que era o 'morto' na mesa de bridge enchia os copos; quando tentei dar-lhe um filho, dilacerada por uma coisa que já estava morta; abandonando Rex, esquecendo-o, encontrando você, os dois últimos anos com você, a guerra chegando, o mundo acabando. O pecado. Uma palavra vinda de tanto tempo atrás, da babá Hawkins, cosendo perto da lareira, a lamparina ardendo diante do Sagrado Coração. Eu e Cordélia [a irmã], o catecismo no quarto de mamãe, antes dos almoços de domingo. Mamãe carregando o meu pecado até à igreja, vergando sob o seu peso, no seu véu de renda negra [...]; mamãe morrendo com o meu pecado, a devorá-la mais cruelmente que a doença. Mamãe morrendo com o meu pecado. Cristo morrendo com ele, pés e mãos pregados; pendurado sobre a cama no quarto das crianças [...]; pendurado na igreja escura onde só a velha faxineira levanta o pó e onde arde uma única vela [...]; sem nenhum consolo, a não ser uma esponja com vinagre e as palavras gentis de um ladrão; pendurado para sempre; jamais a sepultura suave e a mortalha estendida sobre a laje de pedra, jamais o óleo e as fragrâncias na caverna escura; sempre o sol do meio-dia, os dados a tinir para decidir a sorte do seu manto [...]. Anônimo e morto, como o bebê que embrulharam e levaram antes que eu o visse.

Os que pecam gravemente *crucificam de novo o Filho de Deus* (Hb 6, 6) e nem cuidam de lhe dar sepultura. Mas, apesar da maldade que o pecado encerra, o pecador não deixa de estar sob o olhar paternal de Deus, assim como um filho que odeie seus pais e os abandone não deixa de ser seu filho: "Essa relação — a da nossa filiação divina — não pode ser destruída por nenhum comportamento", diz João Paulo II.[26] "No seu grande amor pela humanidade — escreve Clemente de Alexandria —, Deus vai atrás do homem como a mãe voa sobre o passarinho quando este cai do ninho".[27]

Que falta aí? O pequeno gesto de procurar com a mão vacilante a mão afetuosa que Deus nunca deixa de estender-nos. Tem havido psicólogos, e mesmo "teólogos" das últimas fornadas, que viram na contrição humilde um sentimento de culpa patológico, uma manifestação de consciência escrupulosa ou uma autopunição que tira a paz e o gosto pelas coisas boas da vida. Muito pelo contrário, o arrependimento é a expressão de uma consciência fina, de um desejo de purificação que, além do mais, recompõe e educa a vida afetiva, devolvendo ao olhar a acuidade do amor para as batalhas do dia a dia.

Nunca nos habituaremos à forte impressão que nos deixa o diálogo entre Cristo ressuscitado e Simão Pedro, nas margens do lago de Tiberíades. Depois de ter recebido tantas mostras de predileção do Senhor, o Apóstolo negou três vezes seguidas não só ser seu seguidor, mas mesmo conhecê-lO, e não diante de algum esbirro armado até aos dentes, mas de uns criados do Sumo Sacerdote. No entanto, Cristo, não no primeiro encontro depois de ressuscitar, mas nas margens do lago, não o humilha dizendo-lhe que lhe perdoa, mas simplesmente pergunta-lhe outras três vezes: *"Simão, filho de João, tu me amas?"* (cf. Jo 21, 15-17). É bonito que não remexa diretamente na sua culpa, mas suscite o seu arrependimento pedindo-lhe que declare o seu amor por Ele. Cristo não quer nenhum constrangimento no retorno à sua amizade, mas sim o gesto sentido de quem corresponde com amor ao Amor que magoou. Estamos no nível da delicadeza de sentimentos, algo a que só são sensíveis os que têm olhos para as pequenas coisas.

Consciência delicada

O justo cairá sete vezes. Mas o provérbio da Escritura conclui assim: *et resurget*, e se levantará. Ressurgirá!

Reinicia-se uma vida nova, em que se recupera o olhar e o paladar para as coisas válidas, e se ganha delicadeza para montar uma boa "rotina de prevenção". Aí está o grande resultado do gesto de amor.

É uma estratégia que consiste em fugir das pequenas ocasiões — pequenas e aparentemente remotas — de fraquejar novamente. Enxergam-se agora as possíveis consequências das armadilhas inócuas da vida diária: "Ora, tudo não passou de um flerte..." Ou dos desleixos consentidos: "Afinal, não acontece nada se hoje continuo um pouco mais na cama..." Ou dos adiamentos sem motivo: "Hoje não, que não estou com vontade. Amanhã..." "Fazei, Senhor, que o meu amanhã seja hoje", rezava um homem experiente.

Essa perspicácia para os efeitos negativos das pequenas concessões leva-nos a *reagir com prontidão*, conscientes de que nenhum ato deixa de ser um *precedente*, para bem ou para mal, e que, se for negativo, deve ser atalhado no nascedouro.

Conta-se do compositor e pianista espanhol, Isaac Albéniz, que, encontrando-se certa vez numa *tournée* pela França, enviou o seguinte telegrama à esposa:

"Venha urgente. Estou em estado muito grave".

A mulher não hesitou: tomou o primeiro trem para Paris. Mas, quando chegou à estação na capital francesa, viu o marido à sua espera na plataforma de embarque, vendendo saúde e fumando um belo charuto. Da funda apreensão e do susto com que vinha, passou à indignação:

— Mas você não estava doente? Não me disse no telegrama que estava muito mal?

— Sim — respondeu o célebre compositor, dando-lhe um beijo e um abraço afetuosos —, estava em estado muito grave. Estava começando a apaixonar-me por outra.

Abafar o mal antes que lance raízes e se converta em "inevitável" é um passo que custa o que custa uma coisa pequena. Mas, se não se dá, por presunção ou descaso, mais adiante custará sangue ou nos derrubará.

As pupilas dilatadas pelo amor humano

Nas relações humanas, abre-se um campo imenso à prática das coisas pequenas. Nelas se projetam por excelência essas pupilas que o amor divino dilatou: são mesmo, como sabemos, a contraprova desse amor: *Tudo o que fizestes a um destes pequeninos, foi a Mim que o fizestes* (Mt 25, 40).

Há algum tempo, li não sei onde um episódio ocorrido com uma escritora que foi passar dois meses numa região montanhosa de um país europeu, num período do ano em que era frequente acontecerem grandes tempestades; ia com o propósito de conhecer os costumes da gente do campo e colher assim material para um romance. Quando estava desfazendo as malas no pequeno chalé que alugara, com a ajuda da caseira que morava perto dali, desabou um grande temporal e as luzes se apagaram. A caseira acendeu umas velas e, enquanto atiçava o fogo na lareira, bateram à porta. Era um rapazinho de uns doze anos, conhecido da caseira. Depois de recuperar o fôlego, o menino disse:

— Vim ver se está tudo bem com a senhora.

A caseira agradeceu e apresentou-o à escritora. Como a ventania aumentasse e a chuva caísse com mais força, o rapaz perguntou à recém-chegada:

— A senhora não tem medo?

A escritora ia dizer que não, mas a caseira, que evidentemente não estava nem um pouco assustada, atalhou-a:

— É claro que ela estava morrendo de medo, assim como eu. Mas agora temos um homem aqui, e tudo vai ficar bem.

Quando a tormenta passou, o menino despediu-se e saiu, capengando do modo mais garboso que podia.

A escritora ficou pensativa e perguntou-se: "Por que não me ocorreu responder à pergunta do menino como a caseira?" E evocou tantas situações da sua vida em que se mostrara pouco sensível às necessidades dos outros por estar absorvida nas suas coisas. "Que havia naquela mulher simples do campo — continuou a pensar — que a tornava capaz de transformar um menino aleijado num homem confiante?" E teve de reconhecer: simples detalhes de gentileza e afeto.

Pois é precisamente no convívio com as outras pessoas que a atenção para os detalhes se reveste de um significado especial. Merece até um nome particular: *delicadeza*, que reclama uma grande diligência e grandeza de alma. É ela que permeia todas as virtudes próprias da convivência, como a cordialidade, a afabilidade, o acolhimento, o perdão, a paciência, enfim, a caridade. Manifesta-se principalmente, em palavras de Machado de Assis, "nesse *desejo de bem servir* que é a alma de toda a cortesia".* Nunca deveria dar-se motivo para o comentário cético daquele que dizia que o lar é o centro geométrico das

---

(*) Sobre este assunto, veja-se o livro de Georges Chevrot, *As pequenas virtudes do lar*, 6ª ed., Quadrante, São Paulo, 2022. É um pequeno compêndio das virtudes domésticas.

grandes dedicações e das pequenas desatenções.

Mas trata-se de exercitar a "arte de ser amável" não apenas no sentido ativo, mas também no sentido passivo, isto é, facilitando aos outros que nos queiram bem. Quando penso nisto, lembro-me sempre de um cantor nacional que, há uns trinta anos, participava de um programa de TV de muito sucesso e, no fim de cada apresentação, se despedia com as mesmas palavras: "Continuem a querer-me bem, que não custa nada". É isso o que quero dizer com ser amável no sentido passivo: que, pela *nossa* gentileza, não custe aos outros nada ou quase nada querer-nos bem.

Com frequência esquece-se esta receptividade, que é outra condição para que a vida de família no lar se desenvolva em clima de doação e generosidade.

Chevrot, ao comentar o episódio evangélico de Marta, atarefada em preparar a refeição para o Senhor e os Apóstolos, e Maria, tranquilamente sentada aos pés de Cristo, escutando-o, põe na boca de Jesus estas palavras dirigidas a Marta: "Se queres agradar-me, preocupa-te menos em dar-me alguma coisa do que de receber aquilo que Eu desejo dar-te".

Não faltam, em qualquer família, essas pessoas possessivas que só querem dar, nunca receber, por algum orgulho disfarçado, por receio de terem de "ficar devendo" e de sentir-se inferiorizadas. Curiosamente, certas mães — as clássicas "supermães" — parecem especialmente propensas a essa doença. E esses pais, que regressam do trabalho quando os pequenos já estão deitados... Uns e outros esquecem que amar é também saber *deixar-se amar*.

A receptividade pede que saibamos escutar: quantas vezes as nossas conversas não lembram esses "diálogos de surdos" retratados pelas piadas:

— Você vai pescar?

— Não, estou indo pescar.

— Ah, bom. Vendo você com essa vara ao ombro, pensei que ia pescar.

Quantos pormenores se omitem por distração, isto é, porque não se corta com o mundo dos interesses ou das preocupações próprias! É preciso saber escutar quando o assunto não nos interessa, porque a pessoa, sim, nos interessa; saber escutar quando o outro não consegue expressar-se direito, procurando captar o que ele quer dizer, acompanhando os gestos e as inflexões; saber escutar sem responder imediatamente, mas refletindo bem, para que a nossa resposta ou conselho seja útil.

E o ponto alto da receptividade: a compreensão, que vai mais longe do que diz o dicionário: "abarcar qualquer coisa que seja objeto da nossa inteligência". No trabalho ou em casa, no relacionamento com os amigos, compreender é muitas vezes aceitar as pessoas apesar de terem ou pensarem tantas coisas que "não nos cabem na cabeça", que não somos capazes de abarcar com a nossa inteligência: peculiaridades no modo de ser, de julgar, no temperamento, na educação, que fazem com que sejamos diferentes uns dos outros e singulares.

"Mais do que em dar, a caridade está em *compreender*", diz *Caminho*.[28] Sabemos que é assim, porque, quanto a dar, só damos coisas que temos; mas, ao compreender, damo-nos, damos até aquilo que não temos: sacrificamos os nossos modos de ver, prescindimos dos nossos sentimentos naturais, vamos contra a corrente da nossa vontade. Não damos o que temos, mas o que somos.

É claro que compreender não significa contemporizar com os erros, as mentiras ou as trapaças alheias, nem mesmo concordar com tudo em matérias opináveis, como se fôssemos pessoas amorfas, sem nervo e sem ideias próprias. Mas mesmo então se pode discordar ou corrigir sem magoar. Conta-se que Oscar Wilde foi apresentado um dia a uma escritora francesa, sem que lhe tivessem prevenido — não vinha ao caso — que a senhora não primava pela beleza física, antes pelo contrário. No momento da apresentação, Wilde não conseguiu disfarçar a sua surpresa e a escritora logo reparou:

— Não é verdade, senhor Wilde, que sou a mulher mais feia da França?

Wilde fez-lhe uma reverência e, muito cerimoniosamente, disse-lhe:

— Do mundo, senhora, do mundo...

E acrescentou suavemente:

— É inútil negar méritos que saltam à vista.

E assim, com elegância, imaginação e delicadeza, à força de pequenas coisas que as pupilas dilatadas pelo amor divino e pelo amor humano nos permitem enxergar, vamos construindo uma alma grande no tumulto da vida diária.

A *perseverança nas coisas pequenas*

Mas é necessário perseverar nelas. "A perseverança nas pequenas coisas, por Amor, é heroísmo".[29]

Com efeito, isoladamente, pouco custam. Mas um dia e outro, com uma galhardia otimista esticada ao longo do tempo, pavimentam a estrada real que leva necessariamente a bom termo as grandes tarefas da nossa vida: o ideal profissional, o fortalecimento da família e, em última análise, a plenitude da vida cristã.

Característico da perseverança é que olha sempre para o fim que nos propusemos alcançar. *É melhor o fim de uma obra que o seu começo*, diz-nos o texto sagrado (Eclo 7, 9). São sugestivas e entusiasmantes as "primeiras pedras" das inaugurações e dos começos. Difíceis são as pedras e mais pedras que é preciso ir carreando até que o edifício se conclua: porque desaparece a novidade e a rotina cansa, porque surgem os imprevistos, porque os pequenos sacrifícios parecem não despertar a atenção nem suscitar aplausos de ninguém... "Quantos se deixariam cravar numa cruz perante o olhar atônito de milhares de espectadores, e não sabem sofrer cristãmente as alfinetadas de cada dia! — Pensa então no que será mais heroico".[30]

Certa feita, viajando para Sorocaba, vi escrito num caminhão outra dessas frases da sabedoria popular do irmão da estrada: "Cumprirei, mesmo chorando, o que prometi sorrindo". Pensei nessa tenacidade que é outra das garantias da perseverança nas pequenas coisas. Sem ela, encheremos a nossa vida de "cadáveres de projetos". Com ela, saberemos enfrentar não só as dificuldades do ambiente, mas sobretudo as que vêm da nossa pusilanimidade e das variações do nosso caráter, que são as verdadeiramente sérias.

É — precisamos recordá-lo? — o caminho do Amor, que é a chave de todos os recomeços e o verdadeiro motivo para a perseverança. Deus não precisa das nossas obras, mas do nosso amor, fiel até nos menores detalhes: "Não tens reparado em que 'ninharias' está o amor humano? Pois também em 'ninharias' está o amor divino".[31]

Aprenderemos assim a tirar forças da própria fraqueza; a fazer da nossa fragilidade um desafio e não uma capitulação; a começar e recomeçar a ascensão por esses degraus das pequenas coisas a que podemos ser fiéis ou infiéis, mas que estão sempre ao alcance da mão. Dizia São Josemaria Escrivá que estava sempre recomeçando: "De cada vez que digo um ato de contrição, recomeço". E desse modo, "desandando o andado", se for preciso, como o filho pródigo, retomamos o caminho das pequenas grandes fidelidades.

E assim iremos também confirmando a disposição de dar a vida gota a gota, por Deus, pela família, pelos nossos ideais de serviço ao próximo, sem os quais não vale a pena viver. Conta-se que um dos fãs de um célebre instrumentista, já ancião, lhe dirigiu certa vez umas palavras entusiasmadas:

— Eu daria a minha vida para tocar como o senhor.

E o grande músico lhe respondeu apenas, com a maior simplicidade:

— Eu dei.

Afinal, esse é o segredo das grandes vidas, aos olhos dos homens algumas vezes, mas sempre aos olhos de Deus: que disseram "sim" a cada pequena coisa, a cada pequeno dever, a cada pequeno sacrifício que Deus lhes ia pedindo, até lhe darem o último centavo.

Porque, diz o provérbio, "quem procura a Deus e vende e dá o que tem, menos o último centavo, é um bobo: porque a Deus se compra justamente com o último centavo".

Com a última bagatela, com o último sorriso esboçado por amor no meio da vida diária.

NOTAS

(1) Josemaria Escrivá, *Caminho*, 14ª ed., Quadrante, São Paulo, 2023, n. 823; (2) A.-D. Sertillanges, *Recueillement*, Eds. Montaigne, Paris, 1935, p. 109; (3) Antoine de Saint-Éxupéry, *Cidadela*, Quadrante, São Paulo, 1962, pp. 176-177; (4) Fernando Pessoa, *Padrão*, em Mensagem, Obra poética, 3ª ed., Nova Aguilar, Rio de Janeiro, 1992, p. 79; (5) cf. Fernando Pessoa, *Grandes são os desertos*, em Poemas de Álvaro de Campos, Obra poética, p. 382; (6) Josemaria Escrivá, *Amigos de Deus*, 5ª ed., Quadrante, São Paulo, 2023, n. 313; (7) Santo Agostinho, *De doctrina christiana*, 14, 35; (8) Josemaria Escrivá, *Sulco*, 5ª ed., Quadrante, São Paulo, 2022, n. 506; (9) *Sulco*, n. 494; (10) Fernando Pessoa, *Para ser grande*, em Odes de Ricardo Reis, Obra poética, p. 289; (11) Josemaria Escrivá, *Entrevistas com Mons. Josemaria Escrivá*, 5ª ed., Quadrante, São Paulo, 2024, n. 114; (12) *Cidadela*, p. 177; (13) Josemaria Escrivá, *É Cristo que passa*, 7ª ed., Quadrante, São Paulo, 2024, n. 60; (14) Federico Suárez,

El sacerdote y su ministerio, Rialp, Madri, 1996, p. 194; (15) *Caminho*, n. 279; (16) *Caminho*, n. 815; (17) cf. *Sulco*, n. 511; (18) *Caminho*, n. 818; (19) *Caminho*, n. 831; (20) *Caminho*, n. 828; (21) Cassiano, *Colationes*, 6; (22) *Caminho*, n. 272; (23) Andrés Vázquez de Prada, *O Fundador do Opus Dei*, Quadrante, São Paulo, 2023, p. 402; (24) *Entrevistas com Mons. Josemaria Escrivá*, n. 116; (25) Evelyn Waugh, *Memórias de Brideshead*, Companhia das Letras, São Paulo, 1991, p. 263; (26) João Paulo II, *Enc. Dives in misericordia*, 30.11.1980, n. 5; (27) Clemente de Alexandria, *Protréptico*, GCS 12, 10; (28) *Caminho*, n. 463; (29) *Caminho*, n. 813; (30) *Caminho*, n. 204; (31) *Caminho*, n. 824.

Direção geral
Renata Ferlin Sugai

Direção de aquisição
Hugo Langone

Produção editorial
Juliana Amato
Gabriela Haeitmann
Karine Santos
Ronaldo Vasconcelos
Roberto Martins

Capa
Provazi Design

Diagramação
Sérgio Ramalho

ESTE LIVRO ACABOU DE SE IMPRIMIR
A 15 DE AGOSTO DE 2024,
EM PAPEL OFFSET 75 g/m².